「好き」を仕事にする！ひとりビジネスのはじめ方

アド・プロモート代表取締役
吉田英樹

はじめに

世の中には、数多くの仕事があります。
ネットで検索すると、いろいろな仕事が見つかります。

・電話相談の仕事
・朗読してあげる仕事
・買い物代行をする仕事
・一緒に旅行に行く仕事
・4コマ漫画を描く仕事
・キャッチコピーをつくる仕事
・効果音やBGMをつくる仕事

・自分に寄付してもらう仕事
・ペットの気持ちを教えてあげる仕事
・ＳＮＳ用のアイコンを描く仕事
・痛みを止めるヒーリングの仕事
・異性の心をアドバイスする仕事
・デートプランをつくってあげる仕事
・スマホの使い方を教えてあげる仕事
・カメラの選び方を教えてあげる仕事
・自作ＰＣの組み立てお手伝いの仕事
・お話相手になりながら占いをする仕事
・自動車やバイクなどの乗り方を教えてあげる仕事
・おすすめのワインを教えてあげる仕事
・寂しいあなたへ、メールを送ってあげる仕事

「あっ、この仕事知ってる！」というものもあれば、「えっ！　こんなことが仕事になるの？」というものまで、さまざまです。

製造業やサービス業、金融業、流通業……業種もたくさんあります。
営業職や販売職、管理職、専門職……職種もたくさんあります。
美容師やショップスタッフ、一般事務……職業もたくさんあります。

大企業から中小企業まで、会社規模もさまざまです。
日本全国から日本以外の国まで、働く場所もさまざまです。

正社員、準社員、契約社員、派遣社員、パート、アルバイト……働き方もさまざまです。
フリーランス、個人事業主、自営業という働き方もあります。

仕事は、相手が仕事をしたことにお金を支払ってくれれば成り立ちます。

なので、同じ仕事をするなら、
あなたの好きなことが仕事になったら？
あなたが好きな仕事を喜んでくれる人がいたら？
あなたの仕事でほかの人の役に立ったら？

こんなに幸せなことはないですよね。


昔の私は得意とする能力もなく、何をやっても「そこそこ」でした。

ひとつのことに打ち込むのが苦手で、他人からは「飽きっぽいヤツ」といわれていました。

仕事が飽きないように努力して匠を目指して頑張ってみたものの、なんだか「つらい」だけ。

スゴイ人たちを目標に頑張ろうと思えば思うほど、どんどん自信がなくなり、そのうち「やっぱり自分には無理」とあきらめてしまう。

「飽きっぽい」→「ヘタレ」→「努力が足りない」→「飽きっぽい」→……の悪循環で、思考回路はマイナスへ落ちていきました。

こんな自分はダメだ……

他人と比べてデメリットしか感じられなかった私。でも、

他人と違うのも個性？
個性を特技にしたら？
デメリットもメリットになる？
飽きっぽい性格や何事も広く浅い自分を活かせる仕事はないか？

そう考えて見つけた仕事が、「ウェブマーケティング」でした。
いろいろな業種に携わることができるので、自分には合っています。大好きな仕事です。

もし、この仕事をしていなかったら……？

いろんな人を演じることができるので、役者とか詐欺師が向いていたかもしれません（笑）。

ウェブマーケティングの仕事の経験を活かし、これからの人生は才能を探すお手伝いをしていきたい。

才能を活かして仕事にして、楽しく充実した人生を送る人たちとともに過ごしていきたい。


これが、私が本書を書こうと思った理由です。

あなたの好きなことが仕事になりますように。

少しでも気づきを得られたら幸いです。

著者

目次

1 好きなことを仕事にしてみませんか

2 自分で仕事をつくってみよう

3 ウェブで仕事をつくってみよう

4 仕事をつくるときの悩みを解消

5 安定した仕事を続けるには

6 ひとりビジネスを立ち上げた先輩たち

1

好きなことを
仕事に
してみませんか

嫌々仕事をしているなんてもったいない！

好きなことがあるので、仕事にしたい。
好きなことはあるけれど、仕事にはしたくない。
好きなことがあれば仕事にしたいけれど、そもそも好きなことがない。
好きなことも仕事もしたくない。
……っていうか、仕事なんてしなくても大丈夫！

など、仕事に対しての考え方はいろいろあると思います。

次ページのグラフは「なぜ仕事をするのか」を調査したデータです。

なぜ仕事をするのか

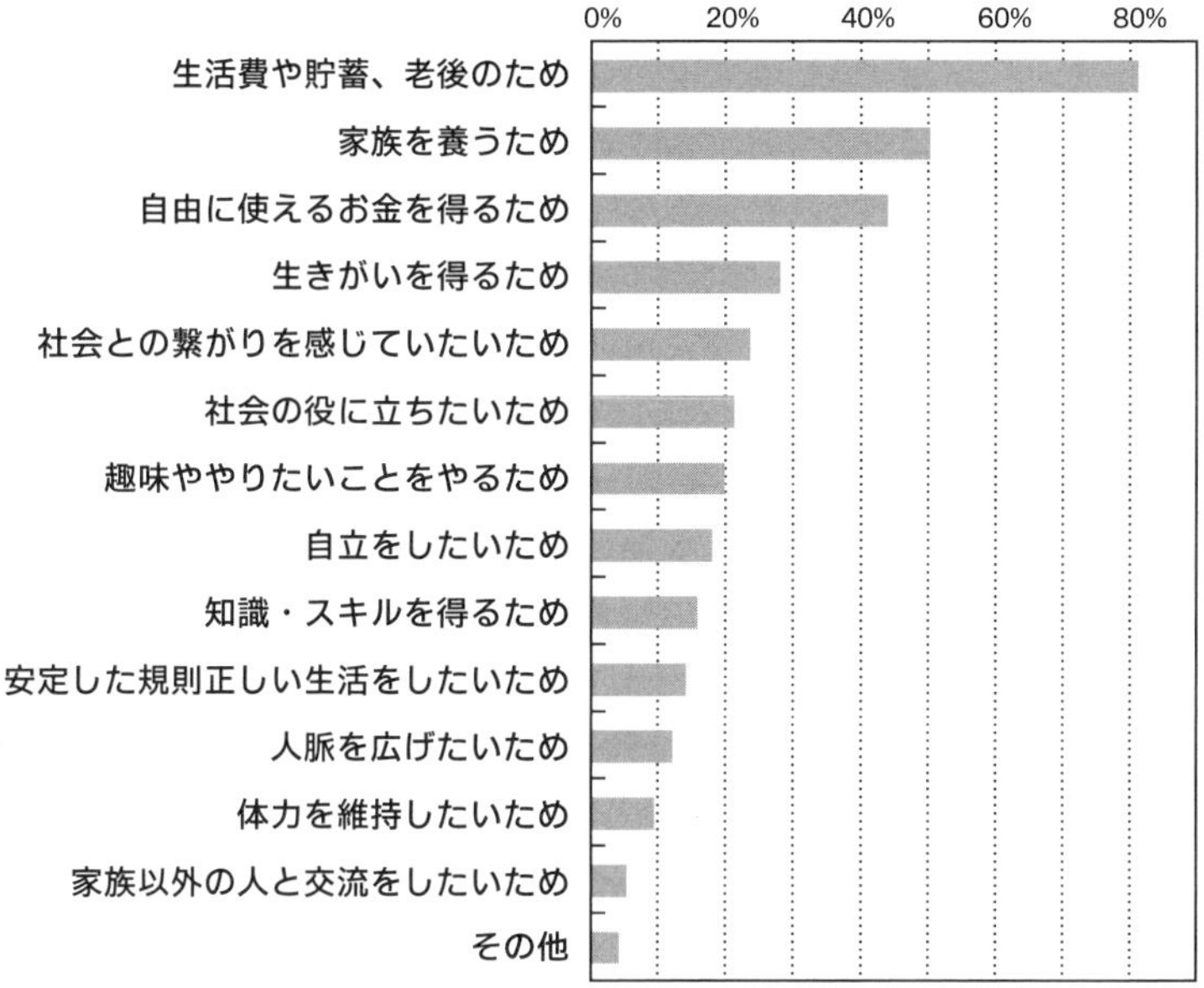
0%
20%
40%
60%
80%
生活費や貯蓄、老後のため
家族を養うため
自由に使えるお金を得るため
生きがいを得るため
社会との繋がりを感じていたいため
社会の役に立ちたいため
趣味ややりたいことをやるため
自立をしたいため
知識・スキルを得るため
安定した規則正しい生活をしたいため
人脈を広げたいため
体力を維持したいため
家族以外の人と交流をしたいため
その他

データを見ると、ほとんどの方は生活費や老後のために仕事をしています。
「そんなの当たり前でしょ?」と思うかもしれません。

でも、仕事を「生活や老後のため」と本当に割り切れますか?
生活や老後のためと思いながら、不安いっぱいで過ごしていませんか?
将来について考えると、嫌になってきませんか?

かつての私がそうでした。

なぜ自分は働くのか?
仕事への向き合い方は正しいのか?

成功者や偉人たちの本やセミナーなどを通じて、働くことについて学べば学ぶほど、自分に自信がなくなっていったのです。

「へぇ〜」

「だからなに？」

どんどん卑屈になっていきました。

成功者のように前向きに考えられないというか、リアリティを感じなかったのです。


社会人になったら、仕事をするのは当たり前？

世間体もあるから、とりあえず就職していないとカッコ悪い？

お金がないと暮らしていけないから、仕方なく仕事？


でも、あるとき気がつきました。


仕事は、自分の才能をお金にすること。

才能は、訓練によって素質が開花するもの。

素質は、一人ひとりが何かしらもっているもの。

世の中に存在するスゴイ人たちは、生まれつき特別な才能があったわけではありません。ですから、自分の素質に気づいて努力すれば、どんどん開花して大活躍できるのです。

努力といっても、好きで行動していった結果であれば、知らず知らずのうち、いつの間にか訓練していたのと同じことになります。

例えばＲＰＧゲームで、強敵を倒したくてひたすらゲームを繰り返し続けた結果、経験値が上がってレベルがアップし、いつの間にか強敵を倒すことができる感じです。

そう考えると、

「自分の素質に気づくこともなく嫌々仕事をしているのは、もったいない。人生を〝生活のため〟と決めつけるのは、もったいない！」

と思い始めました。

あなたはいかがですか？

安定
世間体
老後
生活
仕事

好きなことを仕事にするために必要な才能は？

「自分の才能なんてわからない」

「今からでも好きなことを仕事にできるの？」

と思った方もいるでしょう。


まずは「好きなことを仕事にするために必要な才能」にフォーカスしたいと思います。


ここで、あなたに質問です。

あなたにとって、次の①～⑤の数はどのくらいありますか？

①何かモノをつくる仕事　×　好き　＝

②何かモノを売る仕事　×　好き　＝
③パソコンを使った仕事　×　好き　＝
④電話で応対する仕事　×　好き　＝
⑤人前で話す仕事　×　好き　＝

10段階で？
100点満点で？
全体を100％とすると？
どのやり方でもOKです。
あなたなりの基準で数を入れてみてください。
今まであなたがかかわったことのある数値や点数。
いろいろなことをイメージされると思います。

さて、正解は？

正解は……ありません。
実は、この計算式は私の思いつきです。
もし時間をたくさんとって考えてしまったとしたら、ごめんなさい。

ここでお伝えしたいこと。
それは、あなたの「好き」の度合いを確認してほしかったのです。

私は、才能とは「どれだけ好き」から見つかると考えています。

えっ？
いいかげんすぎ？

そう感じた方もいると思います。
でも、「好き」な度合いが高ければ高いほど、それを続けていきたいと思いませんか？
続けることで、自然に訓練となります。
訓練の繰り返しが、やがて立派な才能になるのです。
「好きこそものの上手なれ」ということわざもありますよね。

私は、「いろんな業種の社長とかかわること」が好きです。どんな業種の人ともうまくお付き合いすることができます。これが私の才能であると思っています。

あなたの好きなことはなんですか？
その「好き」は才能につながっているのです。

あなたの好きなことには価値がある？

◉価値があるかないかは、相手が決めること

あなたの好きなこと（才能）には価値があります！

では、相手はどんなときに、あなたの何に価値を感じるのでしょうか？

- **相手ができないことをあなたはできる　↓　あなたができることに価値がある**
- **相手もできるけれど時間がかかる　↓　あなたの時間に価値がある**
- **相手もできるけれど質（クオリティ）が低い　↓あなたの質に価値がある**

相手の「困った」「早く欲しい」「よいもの」といったニーズがあなたの好きなことと一致できれば、好きなことから仕事は生まれるのです。

つまり、あなたが好きなことに価値があるかないかを判断するのは、あなたではなく、その価値を必要としている相手です。
あなたにとっては価値のある宝物でも、相手にとって必要ないもの、価値を感じないものは「ゴミ」です。

かなりキツイと感じたかもしれません。
あえて厳しく書きました。

でも、ここは大事なポイントです。
声を大にして伝えたいと思います。

価値があるかないかは、相手が決めることです。


ということは……？

あなたにとっては価値を感じない「ゴミ」も、相手が必要である、価値があると思えば「宝」に早変わりです。

◉好きなことが見つけられなかったら？

「自分では好きなことが見つけられない」

好きなことが、すぐに思いつかない人もいると思います。

でも、そのような人もたくさんいるので、大丈夫です。

その場合は、

「相手に必要とされることってなんだろう？」

絵かけるの!? すごいね!!
そう? 普通だよ。

「相手に必要で、自分ができること、役立つことってなんだろう?」
と、イメージしながら探してみることをおすすめします。

あなたの好きなことを価値ある宝にする。
相手から「お願いします」といわれるような仕事に変える。
相手に必要とされることが仕事にできると、結構快感ですよ!

◉もっと好きなことが出てきたら?

「一番好きだと思っていたけれど、もっと好きなことが見つかった」
「せっかく好きなことを仕事にしようと思っていたのに……」

今よりもっと好きな相手が見つかるのは、恋愛でもあることです。

でも、それでいいと思います。

どんなに想いを前のように戻そうとしても、無理な話です。
ほかに好きなことができたら、すでに気持ちは新しいほうに向いているからです。
私が学んでいる合氣道の受け売りですが、「心が体を動かす」のです。

また、流行やニーズも時代とともに変化します。
あなたも私も日々年を重ね、常に変化しています。

なので、全然気にする必要はありません。
もっと好きなことに集中してください。

2

自分で仕事をつくってみよう

仕事ってどうやってつくるの？

◉どんなことでも仕事にすることができる

「そんなことをするために、この仕事をしているわけじゃない！」
仕事を依頼してきた上司やお客様に対して、理不尽だと感じた経験のある人がほとんどだと思います。

はっきりいって……
仕事は「趣味」とは違います。
仕事は「ボランティア」でもありません。
お金をいただくためにあなたがとる行動すべてが「仕事」です。

趣味やボランティアではなく、いったいどうしたら好きなことをして堂々とお金がもらえる仕事がつくれるでしょうか？


「やっぱり特別な能力や才能が必要？」

「仕事をつくる？　仕事はいただくものでしょう？」

「仕事をいただくには、やっぱりガマンでしょう？」

「やっぱり就職しないとダメ？」

「定職についていないとダメ？」

「世間体も大事だよね？」


そんなことはありません。

お金を支払う人にとって、「お金を払って今ある問題を解決したい」「これならお金を払ってもいい」など、**相手の悩みを解決できるもの、相手にとって価値あるものをつくることができれば、どんなことでも仕事にすることができます。**

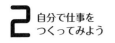

「えっ？　どんなことでも？？」

はい。どんなことでもです。


しかし、気をつけてほしいことがあります。

あなたにとって、どんなに価値があると感じていても、相手がそう思ってくれない限り仕事にはならないのです。


「えっ？　そんなことといわれてもよくわからない」

……という方のためにわかりやすい例を二つ。

次のようなときに突然価値が生まれ、仕事が発生します。

ケース1▼▼▼誰もができない「能力」「強み」はお金になりやすい

「あっ！　しまった！！！　玄関のカギをなくした～　どうしよう……」

こんなとき、あなたならどうしますか？

合カギを持っている家族やパートナーに連絡をとるかもしれません。

ひとり暮らしだったら？

管理人さんや大家さんが近くにいれば、解決するでしょう。

それでも……どうしても解決手段がなかったら……？

きっと「カギを開ける能力をもつ人」に依頼することでしょう。

（私だったら玄関ドアを壊すかも……）

もし、あなたが「鍵を開けることなんて簡単にできるよ」と思ったら、それこそが仕事になります。鍵を開ける能力は、ほとんどの人がもっていない強みだからです。

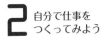

カギ開けを専門にしているカギ屋さんの場合、玄関のドアなら1分もあれば開けられることでしょう。

ちなみに費用は平均2万円くらい。

なんと！　1分2万円のお仕事です。


時給に換算すると、なんと時給120万円です！！！！


「えっ！　高い！」と思うかもしれません。

でも、困った、自分には解決できない、1秒でも早くカギを開けて家に入りたいと願う特殊な状況の場合は、高いお金を支払ってでも早くカギを開けてもらうほうが、断然価値が高いわけです。


たったの1分で2万円もとるなんて「超ぼったくり」と思うのは、

「時給にするといくら？」

「作業時間、手間こそが対価だ！」
という考え方をしているからです。

ケース2▼▼▼状況によって、同じ商品でも「価値」は変動する

特殊な能力や技術がなくても、価値を生み出すことはできます。

こんなことはまずないかと思いますが、イメージしてみてください。

あなたは砂漠にひとりぼっち。
歩いても歩いても広がる砂漠にひとりぼっち……
ノドはカラカラ。
もう限界……。

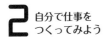

そんなときに、

「冷えたお水はいかがですか〜」

と、突然お水販売の行商がやってきたら？

コンビニで100円で売っている水と中味がまったく同じでも、1万円でも買うと私は断言できます。

いえ、死にそうなくらいノドがカラカラだったとしたら、10万円でも買いますよね！

このように特殊な状況や環境だと、同じものでも価値が100倍、1000倍と跳ね上がるのです。

かつて阪神・淡路大震災が発生したとき、ソーセージを1本5000円で売った人がいたそうです。そんな人間は最低だと思いますが、価値はこういったときにも生まれるんですね。でも、この本を手にとってくださった方に、人の「困った」を悪用して悪徳な商売

ただの水
10万円
買う!!

をしてほしくありません。

特別な能力や強みがあればもちろん、それがなくても状況によって、あなたオリジナルで価値あるものがつくれるし、なんでも仕事になる。

これだけ覚えておいてください。

◉時間をかけても価値は上がらない

「カギ開け1分2万円は高すぎる!」と思った人に知ってほしいのは、時間に対する価値の勘違いです。

企業に就職して働いている人のほとんどは、労働時間によって対価が支払われています。

求人票などにある月給○万円、時給○円という部分です。

ですから、どうしても「時間=お金」と変換してしまいがちです。

あなたの得意とすることに時間があまりかからなかったら……

「お金」をもらいにくい。


こんなに時間がかかったのだから……

それなりに「お金」をもらいたい。


どちらも「時間をかければより多くお金がもらえる」という時給換算のワナにはまっているのです。


無理もありません。

ほとんどの人が「時給○円」「月給○万円」という生活にドップリ浸かってしまっているのですから。

私もかつて会社勤めしていた頃は、そのワナに完全にはまっていました。

それが当然です！

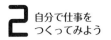

でも、あなたがもっている本来の価値にフタをして「まあそんなもんだよ」とあきらめるのは、もったいない。

これからは、

時間というワナがある。

時間の大小は、お金の大小ではない。

価値の大小が、お金の大小である。

と思いながら、好きなことを仕事にしていきたいですね！

お金を稼げる特技の探し方

◎「お金」を考えないと特技が見えてくる!?

セミナーやワークショップなどでよく見かけるのですが、

「今の私には、お金を稼げるような価値や特技はありません」

という人がいます。実はこのように思っている人はたくさんいます。

私はウェブマーケティングの会社を経営していますが、このような相談をされると、

「では、まずウェブを使ってお金を稼ぐことを考えてみましょう」

と答えています。

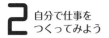

「ホームページを開設すればいいの？」
「アフィリエイト（自分のサイトやブログで商品やサービスを紹介したおかげで誰かが購入すると、報酬がもらえる仕組み）を始めればいいの？」

などと思った方もいるかもしれません。

勘違いしてほしくないのですが、この本では「ブログを使って稼ごう！」など、テクニックや方法論をお伝えするつもりは一切ありません。

テクニック論でお金を稼ぐ方法は、正直「お金ありき」です。

お金ありきでは、仕事は長続きしないことが多いからです。

仕事とお金は切っても切れない関係なので、無視できない気持ちもわかります。

でも、お金のことを完全に無視してください。

それはなぜか？

あなたの特技は「お金」を取り外すことで見えてくることがあるからです。

例えば、お金に関係なく誰かのために日々行っていることです。

あなたが「子どものため」「家族のため」「友だちのため」に**お金という対価を得ずにやっていることが、実はほかの人にとってとても価値のあることだったりするのです。**

私がセミナーやワークショップの最初に、

「自分でお金を稼げる仕事を何かやっている人はいますか？」

と尋ねても、ほとんどの方は手を挙げられません。

でも、

「何か得意なこと、趣味はありますか？」

と聞くと、とたんにワイワイガヤガヤと盛り上がります。

字を書くのがうまい
←
代わりに字を書いてあげる
←
執筆代行屋さんに！

本を読んであげるのが得意
←
代わりに読んであげる
←
読み聞かせ屋さんに！

カメラが趣味
↓
ステキな写真を撮ってあげる
↓
カメラマンに！

なれるかもしれません。

◉能力や特技が発揮できる環境と可能性は無限大

ブログを書くのが得意で「ライターになりませんか？」と仕事を依頼されたことをきっかけに、その後ライターとして活躍している方もいます。

また、家に引きこもりがちで仕事や対人関係にコンプレックスを抱えていた人が、自宅のパソコンを使った入力業務を始め、依頼主から絶大な信頼を得るまでになったという実例もあります。

普通にコミュニケーションがとれる人にとっては、パソコンの仕事は常にデスクにいなきゃいけないという義務感が生まれがちです。しかも、長時間勤務になる場合が多く「ブラックな仕事」というイメージを思い浮かべたりするかもしれません。

でも、引きこもりがちな人にとってみれば、とても居心地がよいので、集中して仕事ができるというわけです。

「引きこもりではダメ！」
「外に出なさい！」
「もっと人とリアルなコミュニケーションをとりなさい！」
などと、無理やり世間一般的な常識の押し売りをされ「引きこもり＝ダメなヤツ」と刷り込まれていた人が、家という場所で活躍して「天職」を得たのです（私自身も実は同じようなタイプだったりします（笑）。

考え方ひとつで「まったく逆」ですよね。

なので、自分には価値がないと決めつけてはもったいないです。

あなたの能力や特技が思いっ切り存分に発揮できる環境と可能性は、無限大に広がっていくと思いませんか？

「何か助けられないかな」という想いが仕事になる

◉佐々本純さん（「家族のちから」代表）の場合

とはいうものの、それでもやっぱり「私には特技なんて……」となかなか発見できないかもしれません。

私もかつてはそうでしたから。

でも、誰しもちょっとしたことで変わるチャンスはあります。

これからご紹介する佐々本純さん（主婦）を例に、特技を見つけるきっかけ探しをしてみましょう。

佐々本さんは、システムエンジニアとして20年働いた後、「家族がいれば頼みたいこと、家族だからこそ頼めないこと」をテーマに個人事業を立ち上げられました。これまでの経験とは関係のない分野への挑戦のため、日々試行錯誤しながら活動されているそうです。

佐々本さんは、何をきっかけに「好きを仕事に」を実現されたのでしょうか？

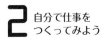

きっかけは娘の逆上がり

特技というと料理が得意とか、手芸が得意ということが最初に浮かぶと思いますが、私自身は残念ながら特に目立った特技はなく、独立なんて無理だと思っていました。

料理や手芸などの手先を使う特技はありませんでしたが、誰とでも楽しくコミュニケーションをとることに関しては抵抗なくできるというか、大好きだったので、コミュニケーションを活かした仕事ができたらいいなと、昔からなんとな〜く思っていたんです。

私は今、個人事業主として「家族のちから」という仕事をしていますが、この仕事を始めたきっかけは、二つあります。

ひとつは、娘が小さい頃に逆上がりができなくて、それを学校以外で教えてくれる人がいないかなと思ったことです。

経済的にゆとりがある家庭だったら、スポーツ教室に通わせて元体操選手や先生から教わると思うのですが、私は本格的なレッスンを望んでいたわけではありません。

「世の中には、逆上がりを教えることを得意としている人がいるはず！」

と考えたのです（残念ながら、そのような人にまだ出会えていないので、娘はいまだに逆上がりができません）。

「ちょっとした悩みというか願いをもった人って、私以外にもいるのかな？　普段の生活で『ちょっとした手伝いをしてほしい』という人の役に立てるかもしれない、仕事にできるかもしれない」と思ったのが始まりです。

弟の入院が後押し

もうひとつのきっかけは、弟の入院です。弟が入院している病院に行くと誰もお見舞いにこない入院患者さんがいて、そういう人に対して、

「世間話でもしてくれる人がいたらいいのに」

「本当は話すのが好きかもしれない」

「いろいろなニュースについて語り合いたいかもしれない」

と感じたのです。


さらに、私が弟の世話をしているときに感じたのは、それは多くの入院患者さんたちが

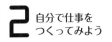

看護師さんたちにすごく気を使っているということです。

「看護師さんは呼べばきてくれて、用事を頼めばやってくれるだろうが、ちょっとした暇をつぶすとか、ちょっと気分を変えることに割いてくれる時間は、あまりないのでは？しかも何度もお願いするのは気が引けるのでは？」

「『ちょっと忙しそうだから』『悪いから』とガマンしてストレスがたまっていく患者さんに、もし仕事として、おしゃべりをする、読みたい本を読んであげることで喜んでもらえたら最高かも！」

と思ったのです。

私は人と話すことも相手の話を聴くことも大好きなので、会話という、普通のことが「仕事」にならないかな、と感じたことが後押しになりました。

いかがでしょうか。

あなたも佐々本さんのように、何気ない生活の中から自分が「できたらいいな」「あったらいいな」と感じた「何か」はありませんか？

「娘の逆上がりを教えてくれる人がいないかな」

こんなとき、スマホやパソコンで「逆上がり　教室」と検索すれば、たくさんの運動教室が検索結果に並ぶと思います。体育の家庭教師などもヒットすることでしょう。

しかし、すべての人が「運動教室」や「体育の家庭教師」を望んでいるわけではありません。

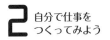

子どもと一緒に苦労をしながら逆上がりを達成する「コミュニケーション」が、子どもの成長につながると考えている人もいるかもしれません。

また、入院患者の話し相手や本の読み聞かせの例は、人と話したり聴いたりするのが好きだからこそ、仕事として成立する立派な特技です。

佐々本さんは、「私にできる具体的なこと」ではなく、「何か助けられないかな」という想いが根本にあります。

普段何気なく生活しているなかで、ちょっとした不自由やお願い、希望といった「心（まごころ）」を中心にして仕事にすることはとてもよい特技といえるでしょう。

3

ウェブで仕事をつくってみよう

そもそもなぜウェブなの？

◉あなたの「好き」が欲しい人と出会える

好きなことや、やりたいことが見つかって、それを仕事にしようと思ったら、次はそれを実践する環境を整えていかなければなりません。

そこで私は、
「ウェブを使って好きなことを仕事にする」
ことをおすすめします。

はてさて？

いったいどんなこと？
どうやって？
難しい知識がいる？
難しい操作が必要？
投資が必要？

わからないことだらけで、きっと不安になると思います。

でも、安心してください！
難しいことはありません。

好きなことを仕事にするため、ウェブが必要な理由。
それは、あなたの「好き」が欲しい人と出会うためです。

インターネットの出現で、出会いの可能性が無限大に広がりました。

インターネットは世界中の人とつながっています。

ウェブによって、あなたの価値を必要としてくれる相手が見つけやすくなったのです。

あなた自身が足を運び、人脈をつくって営業した結果がリアルビジネスの成功なら、パソコンからネット回線で世界中の人と出会い、つながった結果がウェブビジネスの成功です。

好きなことを仕事にするため、今の時代はウェブを活用することが最も効果的で楽です。

ただし、動画を投稿、ブログを書く、自分でホームページを立ち上げる、まとめサイトで情報ページをつくり広告収入を得る……といった「ウェブで稼ぐ」とはまったく意味が違います。

くれぐれも間違いのないようにご理解ください。

相手のニーズとあなたの好きなことを一致させるため、ウェブを最大限に活用してみましょう。

◉ウェブを使うと知らない人からも仕事の依頼が舞い込む

ウェブを使うことは、リアルと大きく異なることがあります。

それは、**ウェブの場合はあなたがまったく知らない人から突然仕事の依頼がくることです。**

最初から宣伝広告費をバンバン使って大きく事業展開できるなら、リアルもネットも大した違いはないかもしれません。

でも、ほとんどの方はチラシを手づくりで印刷し、知人からの紹介で仕事が舞い込むことが多いでしょう。

私も昔、小さなお店を開いたときは、チラシをつくって知人に宣伝してもらい、口コミで仕事を増やしていった経験があります。

しかし、今までお金をかけてPRしないとできなかったことが、ウェブをうまく活用すれば、一切お金をかけなくても新しいお客様を獲得できるのです。

特に、あなたの好きなことや得意とすることが知り合いに頼めない（話せない）、「お悩み事解決」関係の場合、ウェブの効果は断然アップします。

◉ウェブを使えば世界中に宣伝できる

あなたに好きなことや特技、誰かのお役に立てることがあったとします。

そのことを、あなたを必要としている最適な相手に知ってもらうには、どうしたらよいでしょうか？

ウェブを使えばよいのです。

ウェブを使えば、相手が個人や企業にかかわらずプロモーション（宣伝）活動ができます。しかもお金がかかりません。

ウェブを使うとなると、Facebook や Twitter で仕事情報発信とか、アメーバブログで「仕事を始めました！」的な記事を書く……などがすぐに思い浮かぶと思います。これらは、一切投資しないでできます。

少し投資をして専門家にお願いすれば、ホームページやプロモーション動画などもつくってくれるので、ＰＲの幅も広がるでしょう！

でも、ちょっと待った‼

どんなに手間やコストをかけていろいろ情報発信しても、そんな簡単に仕事の依頼が入ったら誰も苦労はしません（みんな大成功して、そもそもこの本の需要がないです）。

実は、今はやりのFacebookやTwitter、LINEやブログ、YouTubeやニコニコ動画、その他いろいろ存在するサービスは多々ありますが、あまりにも手を広げすぎると、すべてが中途半端になってしまう可能性があります。

つくりっぱなしで放置された状態、いわゆる死んだウェブ情報の集まりです。

ウェブは、たとえるなら野菜と一緒で、新鮮さ（情報のスピード）が勝負です。

それがベースにあって、次に「誰がつくっている野菜か（誰が提供している情報か）」に関心が集まります。

なので、ウェブを使って好きなことを仕事にしたい場合、最初からあれもこれもと欲をかかず、無理せずに情報を更新し続けられるものを選ぶことが大事です。

更新が追いつかない……
Facebook
ブログ
LINE
instagram
Youtube
Twitter
SNSのご利用は計画的に。

◉「情報発信が苦手！」と感じている人は……

「情報＝文字と思うと続けられそうにない！」

「そもそも発信することがない」

「何をどうやって発信すればいいの？」

と悩まれる方もいると思います。


「せっかく情報発信するなら、斬新でみんなに『スゴイ！』と思われることを書きたい！」

「面白おかしく書くのはできるかもしれないけれど、変なことを書くと悪影響があるかも……」

など、いろいろ考えてしまうと、正直、情報を一切アップできなくなってしまいます。

私もそうです。


私に相談にきた方で「呼吸のように文章を書ける」といっていた人でさえ、ウェブは拡散力、スピード、影響力が想像以上なので「自信がない」と悩んでいました。

私も同じですが、**リスクを考えてしまうとリスクを恐れ、何もしない選択肢を選んでしまいがちです。**

これが、好きなことが仕事になりにくい最大の障壁「見えない敵」です。

無責任な発言かもしれませんが、

「万人に理解してもらおう！」

「共感を得よう！」

と思う気持ちを一切捨ててしまいましょう！

あなたの好きなことや特技、お役に立てることを、心の底から想いを込めた文字や写真、イラストを使って、思うがまま感じるままに背伸びせず、無理せず素直に、ありのまま伝えればいいのです。

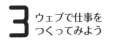

そのとき注意してほしいことは、
好きなことをしているときの、自分の正直な気持ち。
得意なことをしているときの、自分の正直な気持ち。
誰かのお役に立てたときの、自分の正直な気持ち。

この正直な気持ちを、どんなかたちでもいいので自分なりのメッセージとして、伝えることがポイントです。

ウェブの投稿で気をつけたいこと

◉内容をしっかり確認したうえで投稿を

ウェブ上で「あなたの想いをありのまま伝える」といっても、どんなことでも投稿してよいというわけではありません。

例えば、モラルや犯罪にかかわるようなことです。大抵の人は「この内容は投稿してはいけない」と判断できると思いますが、中にはNGという認識がなく（なんの抵抗もなく）アップしてしまう人もいます。

アルバイトスタッフがコンビニの冷蔵庫に入った写真。

自分の子どもが喫煙している写真。
観光地で撮影したふざけた写真。

何がNGなのかは、ここでは細かく触れません。
ただ、自分の知名度や立場に関係なく一気に「待ったなし」で拡散する可能性があるのが、ウェブの恐ろしさでもあります。
特にSNS（Facebook や Twitter）はリアルタイムで拡散されるため、気をつけましょう。

NG投稿を防ぐためのポイントは、ウェブへ記事を書いたあとすぐに投稿せず、少し時間をおき、再度読み返してから投稿するように心がけることです。

自分以外の誰かが写真に写っていたり、子どもの名前や顔が写っていたり、冗談交じりに書いた内容がちょっと行きすぎたと感じたり、時間をおくことでいろいろ気づくことができるのでこのやり方はおすすめです。

それでも、「しまった!!」と、アップしてから記事を取り下げたいこともあるかと思います。

そんなときは……即、記事を直し、全力で「ごめんなさい」をしましょう！

訂正は、スピードと潔いおわびがすべてです。

◉ウェブにアップしたあとは？

ウェブ上にアップした内容の影響力はよくも悪くも絶大です。

ＳＮＳ投稿が原因である、炎上ネタ、謝罪会見などをよく見かけると思います。

そういうニュースを見ると、

「怖いな～自分は大丈夫かな……」

と思うかもしれません。

でも、安心してください。
あなたはそんなに有名人ですか？

社会人としてありえない奇抜な行動や意味不明な行動、犯罪的発言でない限り、あなたの発言に影響力はさほどありません。

発言の内容ひとつひとつが、社会に影響を与えるほどの「人財」になったときは別ですが、好きなことや得意なこと、お役に立てることを、心を込めて発した内容であれば、多少偏った意見であろうとクレームにはならないと思います。

そんな不安より、逆にあなたの考えに「共感」してくれる人が、どんどん集まるはずです。
これが、好きなことを仕事にする最大の武器になります。

炎上したらどうしよう…
…って思うほど
読者いない
んだ、まだ
全体公開

◉悪い反応は気にしない

ＳＮＳに投稿をすると、その内容を読んだ人からの感想・意見が寄せられるようになります。読んだ人は「いいね！」ボタンをクリックしたり、コメントを書いたりして、あなたの記事に対して意思表示をします。

時には、あなたが好きなことについて書いたことに対して、嫌味っぽいコメントを書かれたりすることがあるかもしれません。

そのような場合は、その感想・意見を気にしないことです。

なぜなら、そんな人たちはお客様ではないからです。

ウェブを使って仕事をつくる＝あなたの共感者から依頼される。

このことをよく覚えておいてください。

自分から仕事をつくったり、仕事を知ってもらったりすること。
それは、今までの会社員やパート、アルバイトのようにお給料をもらうという考え方とはまったく違います。
上司や会社の指示どおりに仕事をすることではありません。

私は、命令された仕事は気持ちが乗らないので、うまくいった記憶がありません。嫌々ながら仕事をして、うれしかった経験もありません。

あなたはどうですか？

あなたに「私にはこんなことができます！」「こんなことにお役に立てます！」「これなら時間を忘れて夢中になれます」という「想い」があるからこそ、自分の発言に責任がもてるのです。

あなたの発言に信ぴょう性が増し、他人の心を動かすことができるのです。

私の場合、「ブログにすごく時間をかけているよね」といわれたときは、自信をもって「もちろん！　魂を込めてブログを書いてますから当然です」と言い切っています。


「仕事もしないでブログだけ書いているの？」

「何をきれいごとばかり書いているの？」

「ドリーマー（中二病）ですね」

といわれたこともあります（笑）。


私が書いたブログの内容をどう受け止めるか？

それは、人それぞれ皆違っていていいのです。


ウェブは、よい面があれば悪い面もあります。

相手の顔が見えにくいし、まったく知らない人からメッセージがくるかもしれない。でも、いちいち気にしていたらキリがありません。

最初は私も割り切れず、モヤモヤした気持ちになりました。
でも、考え方を少し変えてみました。

「よい反応も悪い反応も含めてアクセスが増えていく。それは、それなりに影響力をもったブログに成長した結果なんだ！」

こう思えるようになって、とても気持ちが楽になりました。

現在はブログを始めて11年目。記事数は3500を超えました。
延べアクセスも1000万アクセス超となっています。

もちろん、よい反応も悪い反応もいろいろです。
すべては「塵も積もれば山となる」ですね。

ウェブを使ってお客様を集める

◉リアルな友だち関係からウェブを使ったお客様探しへ

あなたの好きなことや特技を必要としてくれる人は必ずいます。

その多くは友人や知人であり、あなたの好きなことや特技をアルバイト感覚で安く提供したり、ボランティア（ただ）で提供していたと思います。

それをいきなり、

「仕事にしたから、これからはお金をしっかりいただきます！」

とキッパリいえますか？

いえる人はなかなかいないですよね。

そして結局、友人知人からの依頼は利益にならず、仕事として成立しないことがしばしば……仕事を頼む側も「友だちなんだから安くしてよ」と安さを求めてくることになるでしょう。

逆に、「本当は質（サービス）が悪くて文句をいいたいけど、友だちにお願いしたからガマンしよう」と感じている人がいるかもしれません。

このような問題は、ウェブを活用することで解決できます。

自分の仕事の質や価格設定が正しいか、反応のあるなしで冷静に判断できるでしょう。

◉お客様になる人はどうやってあなたにたどり着くのか

私のところに相談にくる方の中で最も多い相談内容は、「集客の方法」です。

では、ウェブを使ってお客様を集めるには、どうしたらよいのでしょうか？

「ブログや Facebook、Twitter、LINE について一生懸命勉強する」

それだけではお客様を集めることはできません。

「インターネット広告に手を出せば、即集客できる」

筋道なき広告出稿は「お金をドブに捨てる」ようなものです。

「ウェブ広告の専門家が広告を否定してどうするの？」

いいえ、筋道のない広告はＮＧといっただけです。

では、ここで質問です。
あなたが提供できる好きなことや特技、お役に立てることを、ウェブを通して向こう側にいる人はどうやって探すのでしょうか？

きっと、多くの人が検索です。
これは、Google、Yahoo! の検索だけでなくブログ検索、Facebook 内検索、記事検索、画像検索、ニュース検索などいろいろあります。
今は、ビッグデータというものがあり、とんでもない速度でＩＴが進化しています。

なので、**あなたが提供できる好きなことや特技、お役に立てることをできる限りキーワードにしてみることで、あなたの「好き」がはっきりしてくると思います。**

ウェブのスゴイところは、どんなにニッチであろうとメジャーであろうと関係なく、キーワードによってお互いが出会えることです。

◉キーワードの見つけ方

「えっ？　キーワードってなに？」

難しく考えることはありません。
わかりやすくいうと、連想ゲームです。
例えば、

日本で一番高い山は？　↓　富士山
では、二番目に高い山は？　↓　？？？
3時のおやつといえば？　↓　文明堂
ドラッグストアといえば？　↓　マツモトキヨシ

などなど。

「えっ？　超大手企業ならわかるけど、私は無名だし……。そんなの無理無理……」

と思うかもしれません。

でも、大手企業は大手なりのキーワードがあります。

中小企業は中小なりのキーワードがあります。

個人には個人なりのキーワードがあるのです。

例えば、英会話が特技で「仕事になるかも……」という人だったら？

英会話、小学生、中学生、日常会話に役立つ、家庭教師、個人レッスン……

という感じです。

キーワードを見つけるコツは、「自分が提供する〝好き〟を必要としてくれる人は、ど

んなキーワードで検索して探そうとするかな?」と想像することです。


これが、今後のあなたの集客の基本（幹）になります。

ウェブでキーワード算出ツールを使ってキーワードを見つけるのは、楽にできますが、調べればいくらでも出てくると思います。


でも、それよりもあなたのオリジナルキーワードは、自分の頭でじっくりと時間をかけて見つけてみてください。

例えば、あなたの活動範囲を限定することです。


ウェブの場合、ネットを通じて世界中にお客様がいます。

もし相手のところまで出向く必要のある仕事でしたら、活動範囲を限定しないと遠方からの依頼がくる可能性もあります。その場合は日本全国、海外まで足を運ばなければならないかもしれません。

そのようなときは、あなたが活動している地域名をキーワードに入れることで、そうした心配はなくなると思います。

さらに、「できること」を限定する（キーワード化）することで、あなたが得意とすることが明確になり、相手にきちんと伝わるようになります。

あなたのオリジナルキーワードがきっかけで仕事を依頼してきた方と、お互いがお互いを必要とする関係になったら、長続きするでしょう。

時には、別の方を紹介してくれるかもしれません。

◉集客の場をつくる

ウェブを使ってお客様を集めるのに、交流する場を自分でつくってみる方法もあります。

例えば、LINEやFacebookのグループ、Twitterでフォロワーを集めたオフ会、メールマガジンの発行といった、いろいろなやり方があると思います。

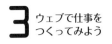

私の個人的な感覚ですが、そもそもそれらの方法は、自分の得意な分野だけをもった人たちの集まりではないはずです。

なので、お客様を集めるためにゼロから始めようとするのであれば、その手間をかけるより興味のあるところに自分から参加するぐらいのほうがよいと思います。

そこを踏まえて、私はあなたのタイプによって、

・ネット上でもリアルでもＯＫな人
・ネット上はＯＫ、リアルが苦手な人

に分けて考えてみました。

ネット上でもリアルでもＯＫな人は、パーティーやイベントに参加する際、できるだけ自分の興味の範囲を限定しないで、いろいろな人と接触する場に参加したほうがよいと思います。

究極は、今の自分がほとんど興味のない趣味や、ほとんど行かない場所、自分と異なる年齢層や職種の人が集まるようなアウェーな環境に顔を出してみると、意外とそこから新たなつながりができるかもしれません。そこから未来のお客様につなげていくのです。

これは理想のモデルケースです。

すごく可能性があり、結果も早いと思います。

●リアルな場が苦手ならウェブで本当の自分を出す

本書を読んでいる方の多くは、ネット上はＯＫだけれどリアルが苦手ではありませんか？

リアルな場のパーティーや交流会って、よい印象を与えようとして、自分で自分のハードルを上げてしまって疲れませんか？

「リアルは正直苦手……」

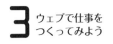

実は私もそうです。
私も無理することが何より苦手です。
自分に嘘をついて、ニコニコすることはさらに苦手です。
その結果、せっかく意を決してリアルで交流しようとしたことが逆にトラウマとなり、どんどんリアルな交流を避けてしまうのです。

ビジネスの世界では、感情をコントロールしないとNGといわれますが、私と同じようにコントロールに困っている人は多いと思います。

そこで、これからの時代に欠かせないのがウェブです。

私は、リアルな場で無理してストレスを抱え、ネットでもストレスを抱えていたらおかしくなると感じています。

なので、ウェブのほうでできるだけいいたいことを投稿し、素の自分を出してはどうかと思うのです。

リアルな場が
苦手だって
いいじゃないか
ウェブが
あるもの。

リアルな場が苦手で自分を隠しがちなあなたにとって、ウェブ上ではリアルで出せない普段の自分を出しやすくないですか？

本当の自分を出すことで、等身大のあなたを必要とする人たちが集えば、気持ちが楽になると思いませんか？

しかも、直接会わずに。

私は、ウェブこそ本当の自分を出せるという、最大のメリットがあると思っています。自分の本当の居場所だと思えるのです。

決してヘタレとかマイナスの意味ではなく、仕事に限らず気持ちに余裕をもつことが人生を楽しむ基本だと、私は考えています。

余談ですが、Facebook や Twitter の投稿が多く、リアルの場でも結構しゃべるのかと思ったら、会ってみると全然しゃべらない方がいました。

会った当初は、不思議だなと思いました。

でも、意外とみんなそうかもしれないと今は感じます。

リアルの場でいいたいことがいえる人は、ウェブでまで発言する必要がないのかもしれません。

「営業は口達者でないとできない、無口な私には無理」という人ほどウェブを活用して「私は○○が得意です」とアピールすることで営業ツールに役立てることもできます。

存分にウェブ上で素の自分を出すことをおすすめします。

4

仕事を
つくるときの
悩みを解消

価格の設定ってどうするの？

◉価格はいくらでもＯＫ！

ウェブを使って商品やサービスを提供しようとするとき、最も多い悩みが価格設定です。

「さて……いくらにしようか？」

競合より安くすれば人が集まるかな？
質で勝負すれば高くても大丈夫かな？
パッケージなどを豪華にして高級感を出せば売れるかな？
セットにしてお得感を出そうかな？

送料無料にしてみたらどうかな？

私は声を大にして断言します。

価格はいくらでもＯＫです！
あなたが納得する金額を自由に決めてかまいません。

なぜなら……
買うかどうかを決めるのはお客様だからです。

もし、お客様から「高い」という声があがって売上が減ったとしたら？
あなたの次の一手を、価格か質かスピードか……
何かしら改善すればよいだけです。
すぐに改善できるのもウェブのよいところです。

「いくら」と決めるのはあなた。

お客様の声をしっかりと受け止めて改善する。

これこそ、好きなことを仕事にして長く続けるコツです。

◉価格決めはマネてみる

それでも価格を決めるのに悩んだら……

まずはほかのサイトや商品の価格設定をマネてみてください。

例えば、何か商品を売ろうとする場合、あなたが知っているメーカーのサイトや価格比較サイトであなたの商品と似たものを検索すれば、すぐに出てきます。

その際、注意してほしい点は「安くしないと売れないだろう」と、最初から安さに走ってしまうケースです。

「安いから買ってください」という売り出し方は、大量の商品を扱うことで価格を下げているところと競合すると、まず勝ち目はありません。

しかも、頑張りすぎると、自分の提供するサービスの質を自ら落としてしまうかもしれません。

そのあたりは、気をつけたいところですね。

◉価格を決めるより大事なこと

価格をいくらにするよりも大事なことがあります。

「ウェブに掲載する内容に嘘があってはならない」

ということです。

特に、商品やサービス、価格や送料、注意事項やお金にかかわることは、できる限り細かく記載するようにしましょう。

例えば、日本最大級のネットオークションサイトのヤフオクを参考にしてみると、出品する商品の状態を細かく正直に書いている方の評価は高いはずです。

そうすることで、目立ってトラブルが減っていくはずです。

お客様への見せ方

◉あなた自身をよりよく見せるには

先ほどご紹介した、「家族のちから」の佐々本さんですが、この仕事を始めた当初は家族から「なんでも屋さんを始めたの？　恥ずかしいよ」といわれてへこんだそうです。

20年間働いてきたこととはまったく関係ない「便利屋」のような仕事……。「家族だと思ってお気軽に」と前例のないサービス……。

私も20代でスキーのチューニングショップのお店を開いた頃、ＰＲに悩んだことがありました。

どうやって、自分自身を見せるのか？

ニーズはお客様が決めますが、どんなにニーズがあっても十分にお客様に伝わらないと人は集まりません。

ここで押さえておきたいのは、「お客様への見せ方」を工夫することです。

ウェブの場合、お客様が直接見えないので、リアルに比べてコミュニケーションが難しくなります。ウェブをうまく活用した「等身大の自分」を見せることが重要です。

例えば、ありのままの自分を表現するため「キャッチコピーと写真」の見せ方は、とても大事です。キャッチコピーにちょっと工夫したり、写真画像の画質や枚数の工夫もあるとよいでしょう。

◉相手を魅せる器が説得力につながる

映画やドラマで活躍する俳優さんは、ヒーロー役を演じると本当に「いい人」と思われるそうです。

逆に、悪役を演じていると本当に嫌われるそうです。

以前、私は「早くやせねば!」とダイエットに一生懸命取り組んだこともありましたが、自分が思っている以上に見た目は大事です。

「見た目が9割」という言葉もあります。

どんなに中身がよくても、見た目の器が悪くては台なしです。

「器があってこその中身」
まずは器をしっかりと用意すること。

中身を磨くのはそのあとかもしれません。

この考え方、リアルの世界だけではありません。

ウェブの場合、リアルの見た目は関係ありません。

しかし、リアルに比べてコミュニケーションが難しいので、ウェブをうまく活用した見た目の工夫が大事です。


では、何からやればいいのでしょうか？

例えば、
・あなたのお気に入りのブランドバッグ
・あなたがコンビニで買ったお菓子
・あなたが見たテレビCMに出てくる化粧品を扱っている会社のサイトを見てください。
あなたが見た商品は、サイトのトップ画面にさまざまなかたちで目にするでしょう。

「いかに相手に魅せるか！」で、説得力が大きく変わるのです。

◉商品やサービスをよりよく見せるには

自分がつくった商品やサービスをよりよく見せるには、どうしたらよいでしょうか？

例えば、化粧する場面をイメージしてみてください。
もし、あなたの結婚式だったとしたら……？
自分が主役になる晴れの舞台です。自らをよりよく見せたいのは、当然だと思います。

書店で本が並んでいるところをイメージしてみてください。
1冊だけ棚にあるより、表紙が見えて平積みになっているほうが手に取る人が多いのも当たり前ですよね。

つまり、これらは見せ方の問題です。

突き詰めると、ある種のブランドづくりです。

普段の生活で、あなたの前に当たり前のようにあって何気なくチョイスしているものは、そのブランドを受け入れたことになります。


「見せ方？　ブランドづくり？？？」


難しく考える必要はありません。

価格を決めるときと同じ。

ほかの商品をマネすることから始められます。


例えば化粧で、「あの女優のようなメイク」とか、「ＣＭに映っている○○」のようにマネすることです。これをウェブに置き換えれば済む話です。

「でも、どうしたらいいの？」
と悩んでしまう方もいるかもしれません。

先ほどあなたが思いついた、
・あなたのお気に入りのブランドバッグ
・あなたがコンビニで買ったお菓子
・あなたが見たテレビＣＭに出てくる化粧品
を扱っている会社のサイトで、商品の説明をじっくりと見てください。
特に、商品の紹介や写真の使い方、それぞれの配置とバランスは、とても参考になると思います。

私は広告宣伝の仕事をしているので、見た目にちょっとした手間をかけるだけで反応が変わることを知っています。

「限定品」「プレミアム商品」といった、希少価値を高める見せ方もあります。

あとは、あなたが決めるだけです。

◉感謝の気持ちを忘れずに

私は昔、超がつくほどの熱血営業マンでした。

なので、いかにして商品を売るかを常に考えていました。


「営業スキルが足りないから、もっと知識をつけよう！」

「営業経験が足りないから、もっと数を増やそう！」

「営業マンとして堂々としたいから、セミナーや研修を受けよう！」


営業としての立場で、売ってやろうと考えが偏っていたと思います。

でも、あるときから、

「お客様は、どうしたらこの商品を喜んで買ってくれるかな?」

「私がお客様だったら、どんな商品を買いたいと思うかな?」

「私がお客様だったら、どんな人から買いたいと思うかな?」


お客様の立場で、いかに買ってもらうかという考え方に変えてみました。

すると、大切なことが見えてきたのです。


仕事ができるのは、たくさんの人の支えがあるから。

仕事の成功は、決して自分だけの実績ではない。

すべての方に自然と感謝の気持ちが生まれてきました。


感謝の気持ちを忘れないこと。

それはやがてよい結果へとつながりました。

やり始めてうまくいかないとき

◉「べき」にとらわれていませんか

好きなことを仕事でやってみて「うまくいかない」と感じることがあるかもしれません。

会社を例にすると、会社が設立して5年で約70％、10年で約95％の会社が消えてなくなっています。


なぜ、せっかくつくった会社が維持できなくなるのでしょうか？

私は経済評論家ではないので、本当の理由はわかりません。

ただ、**長く続かない会社に共通していえることは、根底に「～すべき」があると思っています。**

「私は好きでこの仕事を始めたから、このままガマンして続けるべきだ！」

「会社理念は守るべきだ！」

「会社はこうあるべきだ！」


これは、あなたにも当てはまると思いませんか？


ニーズは目まぐるしく変化しています。

化粧品会社のカネボウは、元は紡績会社でした。

私の会社も元は、広告代理店でした。


好きなことを仕事にするためには、好きなことが、
・ニーズにマッチしているか？
・ニーズの変化に対応できているか？

冷静に立ち止まって、振り返ってみてください。

自分を鏡に映して、じっくりと見てください。

やってみて「うまくいかない」と感じたときは、「べき」に捉われている可能性大です。

そして何より、
自分が楽しめていますか？
楽しそうな顔をしていますか？

もし楽しくないなら、無理して仕事を続けないで、思い切って捨ててしまいませんか？

好きなことを楽しく続ける仕事のほうが、よいと思いませんか？


ほら！

時には、捨てる勇気も必要です。

◉なんのために頑張るの？

私は「頑張る」という言葉が大の苦手です。

仕事を始めるときに高い目標設定をして、
・なかなか達成できない目標だからこそ途中であきらめずに楽しめる
・簡単に達成できる目標は面白くない
・目標をクリアしたときのリアルな自分が想像できると本気になれる
という考え方もあるかもしれません。

でも、私のように目標を設定しても途中であきらめてしまうタイプの人は、「頑張らなきゃ！」がプレッシャーに感じてしまうのです。

そして、「努力が足りない！」「頑張っていない！」「ヘタレだ！」とかいろいろいわれると、どんどん気持ちがつらくなって、「あ〜、自分ってなんてダメな人間なんだ！」と自己嫌悪に陥りませんか？


気持ちがマイナスのまま仕事に取り組んでも、結果なんて出るわけがありません。

だから私は頑張らないのです。


「人生を楽しむために目標がある」

「頑張らないで楽しもう」

と、私は自分にも言い聞かせています。

◉その先に何が見えますか

目標を設定しようとして悩まれる方は、

「つらい」

「面倒だ」

「先が見えない」

と思っていませんか？

そして、悩んだ末に、

「このまま続けてなんの意味がある？」

「あきらめたほうが……」

「もう嫌だ」

「限界！」

と自分を追いつめていませんか？


悩んでいる人は意外にいると思います。

では「先が見えない」人は、その先に何があるのか想像してみてください。

……何か見えますか？


何も見えないのであれば、つらいに決まっています。

何かをするということは、その先の先の先の……

達成したときの光景が見える人だけが、つらいことを乗り越える〝すべ〟をもっているのかもしれません。


「私には無理？」

難しく考えることはないと思います。


例えば私の場合、ダイエットです。

いろいろやっても、うまくいきませんでした。

あるとき、やせていた頃の写真を常に見える場所に貼っておくことにしました。

毎日貼ってある写真を見ることで、私はダイエットに成功しました。

目標を達成したときの光景は、このぐらい手軽なかたちでＯＫだと思います。

◉売上をアップさせるには

「売上が上がらない。どうしよう……」


誰でも一度は考える悩みです。

では、売上を上げるためには、何をすればよいでしょうか？

例えば、

「商品・サービスの販売価格を下げ、薄利多売で売上アップ！」

「商品・サービスの販売価格を上げ、利益率アップ！」

「商品・サービスの改良をして、顧客満足度アップ！」

など、対策方法はいろいろあるかと思います。

でも、ちょっと待ってください。
売上を上げる方法より、改めて振り返ってほしいことがあります。

それは……
買う人のことを考えることです。

「そんなの当たり前！」と思われるかもしれません。

でも、売ることばかりが先行していると、必ず相手に伝わります。
買う相手の気持ちを無視すると、よい結果は生まれません。
まずは、相手の気持ちをよ～く理解することです。

お客様
ぜひ
買います!!
って、
どうしたら
思われるの
かなぁ……

そして、
・あなたの商品やサービスのことをもっと知ってもらうには（手段）？
・知ってもらった商品やサービスが欲しくなるには（理由、ワクワク感）？
を改めて考えてみてください。

理想論かもしれませんが、売る方法を考えるのはそのあとでも遅くないと思います。

◉マネからオリジナルへ

「うまくいかないのは、オリジナルの仕事がつくれないから……」
「オリジナルの仕事がつくれれば、成功するはずだ……」

オリジナルの仕事は大事です。
でも、そればかりにこだわると、失敗してしまうことが多いと思います。

そもそも、誰も思いもしない完全なオリジナルはあるんでしょうか？

ほとんどがマネの繰り返しではないでしょうか？

マネの連続から自分なりの方法を生み出し、オリジナルが生まれてくるのではないでしょうか？


マネを拒む人がいますが、私は「マネ＝基本」だと思います。

基本をしっかりと習得せず「わかったふり」「できたつもり」でいると、その後の自分自身の成長に大きく影響します。


スポーツを例にするとわかりやすいと思います。

最初に基本をしっかりと身につけた人は、とても上手になります。

仕事も同じです。

結果はどうあれ、最初はとにかく「マネ」をすることです。

マネをして自分にプラス
←
自分のものにするため努力する

マネをして自分にマイナス
←
繰り返さないように気をつける

プラスになることは、どんどんマネしてよいと思います。
マネをするには、見本が必要です。

・ビジネスマンは、上司や尊敬している人のマネをする
・経営者は、成功している企業や尊敬する社長のマネをする

スゴイ才能がない私でも成功できた唯一のやり方です。
スゴイ才能がなくても見本のマネを繰り返していけば、誰にでもできます。
ただし、マネで終わってしまわないように気をつけてください！

5

安定した
仕事を
続けるには

好きなことを仕事として続けるために

◉競合他社（他者）と戦い方

好きなことを仕事として続けるため、絶対にしてはいけないことがあります。それは、「他社（他者）をけなすこと」です。

あなたと似たような仕事をしている人がいたとして、相手の弱点を指摘したりして責めるのは最悪です。

「仕事をお願いしたい」と最後に決めるのは、お客様です。

お客様に少しでもよいものを提供しようと、競争するのは必要でしょう。

でも、競合他社（他者）を陥れる姿勢は好ましくありません。

他社（他者）をけなすことなく、どうやって仕事を続けていけばよいのでしょうか？

「あえて相手をほめてみてはどうか？」

「もっと自分をアピールしまくってはどうか？」

まったく逆の考え方ですが、それぞれにやり方があると思います。


ちなみに私の答えは「気にしない」です。

他者を気にして無理に何かをすると、一時はよい結果が出るかもしれません。

でも、決して長続きはしないでしょう。

◉生き残るために必要な仲間づくり

あなたを必要としている人が減り、ニーズがなくなれば、仕事がなくなってしまうかもしれません。

世の中にはたくさんの情報があり、ビジネスも多様化しています。

誰もが不安に感じていると思います。


では、どうすればよいでしょうか？

私も常にこの問いの答えを探していますが、なかなか最適な答えが見つかっていません。


それでも、生き残っていくために必要なことは……？

答えのひとつは、仲間づくりだと思います。

あなたが提供できる商品やサービスに対して集まってくる人だけでなく、あなたを「好き」という人を集めることです。

あなたが好きな人とひとりでも多くかかわることで、仲間ができていきます。

仲間ができると、あなたに何かあれば助けてくれるでしょう。

◉仲間づくりから新たな可能性が生まれる

仲間づくりは、自分のためだけではありません。

次の話はリアルの例です。


普通に話しているときは、なんとも思いませんでしたが、たまたま子どもたちに絵本を読んでもらったとき、

「あんなに心地よい声は100万人探してもいないだろうな」

と思うほど、きれいな声をもったお母さんに出会った方がいました。

読んでいる本人はまったく気づいていません。

その声を聞いて、

「なかなか眠れない人向けに、隣でささやいてくれるように語ってもらったら……？」

「落ち込んでいる人向けに、元気が出るような励ましの言葉をいってもらえたら……？」

さらに、

「語ってもらった言葉をCDにまとめて販売してみるのは、仕事になるのでは……?」

とひらめきました。


これはひとつの例です。

大事なのは、仲間づくりは自分のためだけではないことです。

隠れた才能を秘めた人を見つけることにつながるかもしれません。

◉自分と同じ思考・言葉・考え・表情をもつ人が集まってくる

過去に何度かあったのですが、「自分を信じて前に進もう!」と決めたとたん、私を応援してくれる人たちに出会えました。

「これは偶然なのだろうか……?」

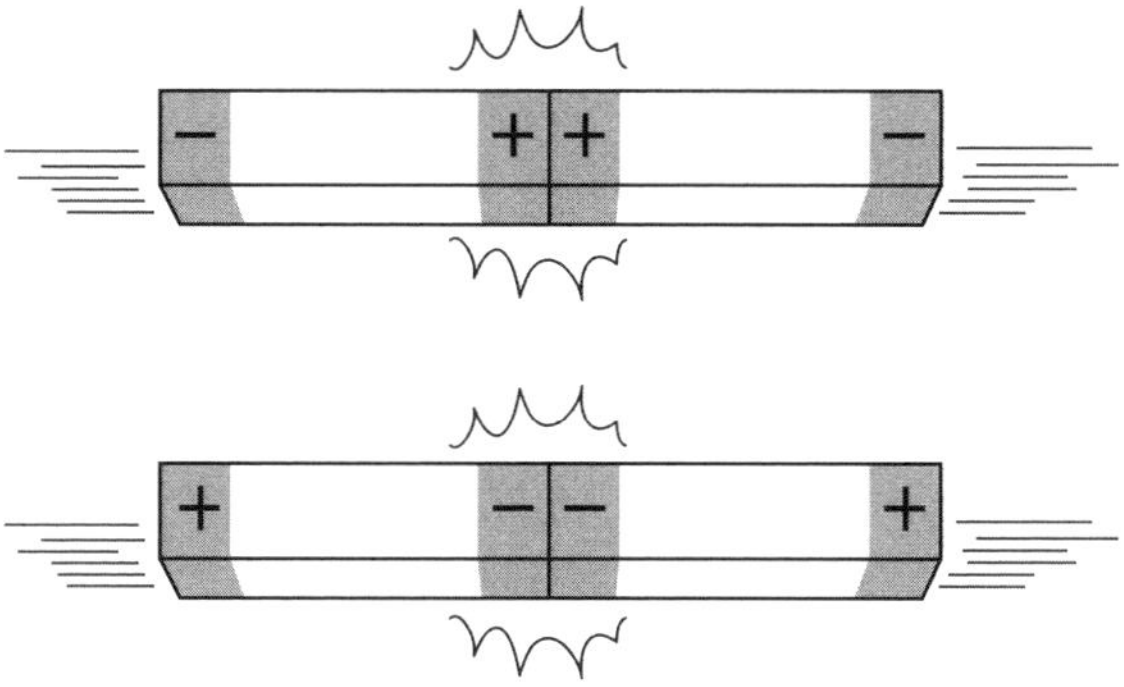

人間はプラスにはプラスが、
マイナスにはマイナスが引き寄せられる

と、そのときは思いました。
でも、決して偶然ではありません。
自分の気づきによって、目線が変わったのだと感じます。

自分の思考や言葉、考え、表情がマイナスだと……
自分の周りには同じようなマイナスをもった人たちだらけになります。

自分の思考や言葉、考え、表情がプラスだと……
自分の周りには同じようなプラスをもった人たちだらけになります。

まさに、引き寄せの法則です！

人間は磁石のようにプラスとマイナスがくっつくことはないようです。

◉酸素と水素の話

私が仲間づくりの話をするとき、「酸素と水素」のたとえを使うことがあります。

水は酸素と水素でできています。

化学式でいうと、H_2Oです。

酸素は原子記号で「O」、水素は原子記号で「H」。

酸素の右腕と左腕に水素がいて、合体すると「H_2O」です。

お互いにバラバラだと形のない気体ですが、一緒に手をつなぐことで世の中になくてはならない「水」になります。

この組み合わせじゃないと、
「水」はできないんだ

もし、手をつなげなかったら……水素は爆発します。
そして酸素は、その爆発力をさらにアップさせる材料になってしまいます。
お互いが肩を寄せ合い、しっかりと手をつなぐことがどんなに大切かという話です。

人も原子も同じです。
仲間と一緒に手をつなぐことで、自分のメリットを効果的に発揮できます。
手をつながないと、自分のメリットが暴走を始めて台なしになります。

それから、もう一点あります。
先ほどのたとえを使ってみます。
もともと水をつくろうとしていました。

でも、水素三つが窒素（N）ひとつと手をつないでしまうと……？
アンモニア（NH_3）になってしまいました。

酸素二つが炭素（C）ひとつと手をつないでしまうと……？
二酸化炭素（CO_2）になってしまいました。
一緒に手をつなぐ相手を間違えないようにしましょうという話です。
くれぐれもご注意ください。

◉「誰かのために」という想いが実力以上の力をつくる

実力以上の力を発揮できるのは、
自分のため　V　誰かのため
ではなく、

誰かのため　V　自分のため

になっているときではありませんか？


私は、自分がヘタレだからかもしれません。

自分のためだと甘えが出てしまい、力が十分に発揮できません。

でも、不器用でも必死に、一生懸命もがき苦しみながら、前に進もうとしている人がいたら……。

そんな人がいたら、全力で応援したくなります。

「この人のためになんとかしたい！」

という想いが強ければ強いほど、実力以上の力が湧いてくるのです。

6

ひとりビジネスを立ち上げた先輩たち

最後に、好きなことを仕事にされ成功を収めた5人の方の話をご紹介しましょう。
私がご本人たちから直接伺った話をインタビュー形式で掲載します。

これから新たな一歩を踏み出そうとしているあなたが、何かしらの気づきを得てくださればとてもうれしく思います。

きっかけは「子どもが喜ぶ顔が見たい！」やさしい想いはたくさんの人の心に届く

飯村暁子さん（主婦）

飯村さんのお子さんには食物アレルギー（卵・乳）があり、お弁当の彩りが悪くなりがちでした。そこで、色付けしたごはんでカラフルにしようと、キャラ弁づくりを開始。SNSや口コミで評判となり、現在は依頼があれば仕事としてもつくるようになりました。

使用したウェブ（ツール）

LINE　http://line.me/ja/

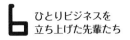

きっかけは子どものため。LINEで広まる

飯村　キャラ弁づくりは、下の子に卵アレルギーがあって卵焼きが使えず、お弁当の彩りに迷ったことがきっかけです。卵は黄色系ですので、チーズでキャラクターの顔をつくりました。ちょっとかわいくすれば食べてくれるかなと思いまして。

吉田　ウェブを利用したきっかけは？

飯村　下の子の幼稚園のママ仲間の間でLINEをやっていて、幼稚園にキャラ弁をつくってくる友だちが結構いるんです。そこから情報収集ができて参考になるので、逆に私も載せることで友だちが見てくれるかなと思って始めました。

最初は恥ずかしかったのであまり載せていなかったんですけど、年賀状とかで「キャラ弁楽しみにしてるよ」とか書かれているのを見たら、やめられなくなっちゃって……。

キャラ弁について

吉田　キャラ弁を簡単に・早くつくるポイントは？

飯村　おにぎり系が一番早くできます。おかずは冷凍食品もあるので、それをごまかすために工作感覚でつくっています（苦笑）。

吉田　どれくらいの頻度でつくっているのですか？

飯村　週1回で3年ぐらい続けています。キャラクターがかぶったりしてますけど。

吉田　そうすると、150種類ぐらいになりますね。ちなみに材料費は？

飯村　お弁当はご飯と海苔と、色をつけるものがあれば100均で手に入るものでできてしまうので、そんなにかからないと思います。

吉田　やはり創意工夫ですね。

もうすぐ1年生♪
MAR.04.2016

2015.12.18
すみっコぐらし

子どもの喜ぶ顔が見たくて

吉田 ケーキのプレートをオリジナルでつくり始めたのは、いつからですか？

飯村 今、上の子が8歳で、その子が1歳のときからです。

吉田 何かきっかけは？

飯村 キャラクターのケーキって、買うと結構高いじゃないですか。コストを削減するためにネットで調べたらつくり方がいろいろ載っていて、それを参考に始めたのがきっかけです。誕生会にきたお友だちが見て、口コミとLINEで自然と広がって……。

吉田 専門学校などに通ったりして習ったのですか？

飯村 いえ。ただ子どもが喜ぶ顔を見たくてつくり始めたので。

どうやってつくっていくか

吉田 飾りつけのためのイラストデザインですが、デザインソフトでやるんですか？

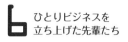

飯村　いえ。例えばぬり絵とか、ネットで出てくるキャラクターをプリントアウトして、写し絵で始めるだけです。もとのイラストをトレーシングペーパーに写して裏返します。その上にクッキングペーパーやセロハンを乗せて重ね合わせ、字も絵も逆さになった状態で描いていきます。そこに１００均で売っているようなチョコペンで縁取りして順に色をつけていくんですけど、それだけだと薄くて割れちゃうので厚みをつけるために最後にチョコレートを溶かして塗ります。

吉田　結構時間がかかりそうですね。

飯村　絵によってですが、簡単なもので30分くらいです。

吉田　それはすごく早い！　ちなみに材料費はいくらと決めていますか？

飯村　あまり細かく計算していないですけど、お店でキャラクターケーキが４０００〜５０００円しますので、その半分ぐらいでしょうか。

吉田　やはり創意工夫ですね。

お金はなくても成せば成る！「囲碁を知ってもらいたい」という情熱が成功のカギ！

政光順二さん（株式会社きっずファイブ代表）

政光さんは、株式会社島津製作所で16年間、分析装置の設計、サービス、ソフトウェア開発に従事され、その後退職。現在は株式会社きっずファイブ設立し、囲碁関連事業とIT事業の二本柱で活躍されています。

使用したウェブ（ツール）

Facebook　https://www.facebook.com/
Twitter　https://twitter.com/
READYFOR（クラウドファンディング）https://readyfor.jp/

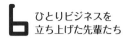

※クラウドファンディング（Crowdfunding）とは、群衆（crowd）と資金調達（funding）を組み合わせた造語。クラウドファンディングサイトを利用し「商品、サービス」など自分が実現したい○○をネット上に公開し資金協力を募ること。

クラウドファンディング成立への道のり

吉田 クラウドファンディングを使って囲碁十三路トーナメントを成功させたわけですが、その秘訣は？

政光 やはり、応援したくなるようなプロジェクトをやるのが一番だと思います。囲碁十三路トーナメント戦は、イベントを掲げたこと自体が囲碁の歴史を変えるくらい意義あることだったので。

吉田 確かに。囲碁は十九路が主流で初心者は九路ですけど、十三路は一番実現しにくいですよね……成立までは何日くらいかかったんですか？

政光 クラウドファンディングの募集期間は90日間ですけど、80日目くらいだと思います。

スタートダッシュはありましたけど、その後はずーっと低迷して最後の最後に駆け込みできました。なので、途中は周りから「あっ、これは最初の勢いが全然なくなっちゃったな。もうダメなんじゃないか」と、冷ややかな目で見られましたけど……絶対に成立はすると思っていました。

クラウドファンディングを成功させるコツ

吉田　クラウドファンディングを成功させるコツは？

政光　例えばリターンですね。お金を出してくれた人に何を返すかというアイデアが重要になってくると思います。僕の場合は出場してほしい棋士への投票権がそのひとつです。AKBの総選挙で、CDを買ったら1票というのと同じような感じで、それが面白かったといわれました。あと、リターンについて「どういうリターンが欲しいですか」みたいなことをウェブを通して聞いたり、クラウドファンディングの担当者からもいろいろ。

例えば、300万円が目標で1人当たり平均で1万円だと、300人から集めないといけません。なので、高額なものを用意すべきだといわれて「5万円で直筆の寄せ書き」を用意したら、あっという間に売り切れ。あと、「30万円で優勝者に賞状を渡す権利」「20万円で準優勝者に……」と設定したら、出してくれる人がポンと現れました。

吉田　それはすごい。やはり、好きとか欲しいという人のツボを押さえているということですね。

想いについて

吉田　今回の本では、想いについて「好き」と表現していますが、クラウドファンディングでも「好き」は大事だと思いますか？

政光　はい。想いがなければやらないでしょうし続きません。たぶん、応援も集まりにくいでしょう。

吉田　その想いが、クラウドファンディングと結びついたことで、実現のスピードが加速したと思いますか？

政光　はい。クラウドファンディングに出会えたことは非常に大きいです。今までは何をするにしても「お金をどうするか」が一番問題でしたから。自己資金がない場合は、銀行から借りるにしろ、割としっかりした事業計画がないと普通は借りられないです。

それがクラウドファンディングは、事業が将来どれくらい発展していくか細かく準備しなくてもお金を集めることができますし、「こんなことがやりたい」と純粋に夢を語ってお金が集められることは、今までなかったですね。

吉田　まったくそのとおりです。

リアル×ヴァーチャル地元イベント開催が本業に!!

竹原園子さん、ダシ熊谷みどりさん（野木ヴィーナスクラブ）

自宅でサロンを営むセラピストのおふたり。地元の活性化のために「野木ヴィーナスクラブ」という団体を立ち上げました。2012年から5回にわたり、情報発信・人をつなぐ地域貢献イベント「ヴィーナスフェスタ野木」を開催しています。

使用したウェブ（ツール）

アメブロ　http://blog.ameba.jp/

Facebook、LINE

きっかけは2011年の東日本大震災後

吉田　まず野木ヴィーナスクラブを結成された経緯から伺いたいのですが？

竹原　もともと自宅で別々に仕事をしていました。私はボディーマッサージ系とヒーリングで、ダシ熊谷さんはメンタルの癒やし系の仕事。それが2011年の震災後に彼女が私の店にお客さんとして訪ねてきてくれたんです。カルテを書いてもらったら職業欄に「セラピスト」とあって、そんな人が町内にいたのかとびっくりしました。

ダシ熊谷　以前は東京に勤めてたんですけど、住んでいるところでつながりをつくりたいと思って、いろいろ訪ねました。でも、野木町ではお友だちになれる人がまったくいなくて……それで、震災後に訪ねたのが竹原さんだったんです。

野木ヴィーナスクラブ結成へ

竹原　その後、お互いのアメブロで上げる記事にコメントし合って、価値観が似ているとか同じことに共感するとかだんだんわかってきました。
それと、癒やしフェアみたいなイベントを小山とか結城とかでやり始めていて、私たちも癒やしスキルのブースを出したら女性のお客さんで大賑わい。こんなに癒やしを求める人がいるならと、野木ヴィーナスクラブを結成してヴィーナスフェスタ野木を始めました。

ダシ熊谷　1回目は、野木町の方がほとんどいませんでした。私自身が以前からやっていた仕事のかかわりで、あとはmixiで宇都宮とか栃木周辺の方とつながっていたので、その方々をお呼びすることができましたが……。

竹原　正直、町内で集客がどのぐらいあるかまったくわからなかったです。まだFacebookを始めていなかったので、主な集客手段はmixiとアメブロ、あとは口コミです。「野木町にどんなものがあったらいいですか？」とアンケートをしたら、ランチができるとか子連れでも行けるお店とか、落ち着きのあるカフェが欲しいという意見が多くて。「こういうイベントを今後も続けてもらいたいですか？」には、ほとんどの方が「またお願いします」いう回答だったので、それで続いています。

ヴィーナスフェスタ野木の成長

吉田　ヴィーナスフェスタ野木はすでに5回開催されていますが、そこまでの道のりは？

竹原　第1回の癒やしのときは、お客さんからストレートに「なんか気持ち悪い」っていわれたこともあります。スピリチュアルばかりだと、ちょっとうさんくさいと思っている人には「なんなのこの会」みたいにいわれたこともありますが、中には助けを求めたり自分のことを解決してほしいと頼る人もいて、それに応えていったんです。

それから町おこしじゃないですけど、私たちは生まれも育ちも野木じゃないので、「よそ者」としてこの町はどうなの？　と思っていることがいっぱいあって、そういう人たちでも楽しめるイベントにしていくべきだよねと心がけつつ、さらに野木町のPRとか町の人も知らない重要文化財の紹介とか、野木町って実はこんなところだよというものも入れていきました。本当は産業課兼観光課がやるべきですが……ちなみに3回目からは、公園に出て青空の下で健康的にやろうよということで公園に移って、今年で3回目になります。

ダシ熊谷　マルシェというか、木がたくさんあって家族みんなで楽しめるような感じです。

竹原　「イベントをやりますから」より、「お祭りをやるんで」のほうがよいみたいです。

ダシ熊谷　私たちは「ブース」って呼んでますけど、あるところにチラシを頼んだら「屋台」と書いてくれてなるほどなと。

竹原　そうじゃないと、地元民にはなかなか伝わりづらいんです。

吉田　いいですね。イベントがお祭り、ブースが屋台。

ダシ熊谷　Facebookでいろんな人にアピールしているつもりでも、私たちの年代の野木町の主婦の方々は、Facebookをやっていないです。50代の方でもちらほらですから、チラシを手配りで持って行くとかアナログですね。竹原さんはどんどん配って話しかけていける気さくな人なので、そういうところはすごく心強いです。

竹原　せっかくですから。子連れを見かけたら「はい」って。野木町はすごく自然があるんですけど、ドジョウつかみとかザリガニ釣りとか、子どもたちが触れ合う体験があまりないんですよ。やっぱりゲームをしている子のほうが多いから。そこで生の体験をしようと案内すると、すごく集まるんです。

出展者を集めるには

吉田　例えばブースを出したい人がいた場合、アクセスするのはどういう手段が多いですか？

ダシ熊谷　今は、ほとんど決まった方々が継続していますので、その方の紹介かこちらが紹介してほしいというかたちです。手段は、主にFacebookのメッセージかLINEです。

竹原　あと、チラシに私の電話番号が載っているので、「チラシを見たんですけど……」と電話がかかってくる場合があります。

吉田　なるほど。今はだいぶ軌道に乗っているようですが、やっぱり最初が一番大変だったわけですね。

竹原　そうですね。ただ皆さん「主催者は大変でしょう」っていうんですけど、全然そんなことはなくて。かかわった皆さんが「先週古河だったけど、今度は野木だよね」ぐらいのノリで、ブースをつくり慣れている人たちが車に積んできてタタタッとつくる感じですね。

ダシ熊谷　あと、出店について全然わからない人には、どんどん見に行って勉強していろんなことで慣れてから、またきてくださいといったこともあります。

吉田　あまり無理をしないことがポイントですね。

竹原　そうです。「お祭りやろうよ。みんなも参加しない？」のノリです。

もしもウェブがなかったら……

吉田　最初の話に戻りますけど、おふたりが出会うきっかけはSNS、ウェブですよね。もしもウェブがなかったとしたら……？

竹原　私はたぶん、ダシ熊谷さんのことは存じ上げなかった思います。看板も出していなかったですし。今なら、「Facebook の友達リクエストみたいなことでワーッとつながりが広がるのが大きいと思います。あと宣伝要素もありますね。

ダシ熊谷　私の場合、自分が本当に好きなことでわかってもらえる人とだけ付き合うのに、ウェブがなかったら広い範囲で知り合ってつながっていくチャンスはなかったので、時間がかかったでしょうね。

吉田　今おっしゃられた「本当に好きなこと」という言葉に力強さを感じました。距離も縮まりスピードも速くなるということですね。

学びを変えたい！その想いはきっと届く‼

安田真知子さん（Coconut Crusher〈ココナッツクラッシャー〉代表）

安田さんは、元高校教諭で、現在は脳から美しくなる「美人脳」プロジェクトを主催されています。また、Think Buzan 公認シニアインストラクター、マナセラピー初級講師、日本キャリアカウンセラー協会認定エクゼクティブコーチなど、さまざまな資格を活かして幅広く活動されています。

使用したウェブ（ツール）

自社ホームページ
ブログ

アメブロ、Facebook、Twitter
SEO対策
※SEO対策とは、Search Engine Optimization（検索エンジン最適化）の略。検索サイトで、特定のキーワードで検索した際に上位表示されるための対策のこと。

きっかけはマインドマップ

吉田 いろいろな活動をなさっていますが、ウェブを使って仕事にしているとしたら何が一番ですか？

安田 ウェブを活用できているのは、マインドマップ、スピードリーディングという速読、メモリーという記憶の三つの講座ですが、マインドマップはまだ知られていない時代からやっているので、「マインドマップってなに？」と聞かれたときに、ウェブを見せるのが一番早いですし、コミュニティーができたことが大きかったと思います。

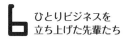

吉田　最初からウェブのコミュニティーありきで、マインドマップを学ばれたのですか？

安田　逆です。マインドマップが記憶や情報の整理にすごく役に立ったことが最初です。私はもともと高校教員だったんですけど、結果が出る子と出ない子は何が違うんだろうというのがあって、マインドマップの講座に行ったときに、学び方が根本的に間違ってた、教える側も学び方を教えていなかったと気づいたんです。

それで自分の生徒に使ったら成果が出て、みんなが楽しんでくれたんですよ。そのとき、もうちょっと広い範囲で活動したいと思って教員を辞めたんです。

ウェブに取り組む前に押さえておくこと

吉田　「好きなことはある。ウェブをうまく使いたい」という場合、どんなことから始めたらよいですか？

安田　私の最初のつまずきもそうですけど、好きだからやりたいのか稼ぎたいからやりたいのか、ストーリーがごちゃまぜになっている人が多いですね。つまり、伝えたいことと相手が知りたいことがずれているんですよ。

なので、まず最初に発信力を鍛えることです。ブログでもFacebookでも、とにかく「自分はこれができます」ということを発信していって、いくつかたまったら一つのプロフィールや年表といった、どこにでも出せるかたちにしていきます。それをつくっておけば、そのあとにサイトをつくろうが何かほかのものをつくろうが応用がきくと思います。

つまり、自分だけのストーリーをちゃんともっていること。相手に伝わりやすいプロフィールをもっていること。相手が手を伸ばしてくるような経歴や実績をまとめること。私は個人的にその三つを発信してみるのがよいと思っています。

吉田　経歴とかストーリーは、やりながら修正してもいいわけですよね。

安田　はい。最初から完成形にしてしまうとホームページをつくることになると思うので、自分ストーリーみたいなものをとりあえずブログとか書けるところに書いていって、慣れたらまとめてきちんとしたかたちにしていくとよいと思います。

とにかくSNSでもなんでも、登録する際にはプロフィールを書かなきゃいけないわけですから、それで練習して誰かに見てもらって反応をもらうことで、自分の中で落とし込みになるのでおすすめですね。

吉田　なるほど。ウェブという誰が見るかわからないところに対して、まずは「私はこういう人物です」ときちんと自己紹介することですね。

安田　はい。信用できるとか、だからお願いしてみようとか、先のことまで想定できるとすごくいいですけど、自分のことを表現するのが苦手という方も結構多いです。なので、最初は「これができます」「これが好きです」だけで発信していくほうがよいと思います。

吉田　そして、反応を見ながらまとめたり整えたり修正したりを繰り返してやっていくと。

安田　そうですね。1回書いて完成ではないですし、今は時代の流れがすごく早いです。自分で読んでも半年前に書いたことが古く感じたり、もうちょっとこれができるというのが増えていったりするので、時々見直す必要はあると思います。

集客は自分を知ってもらうことから

吉田　集客はどんなことをされましたか？

安田　教育関係のつながりがあったので、集客をそんなにしなくてもやっていけると思っていました。ウェブもやろうと思っていましたけど、ちょっと発信したらものすごく問い合わせがくるだろうと勘違いして起業したんです。でも、そんなことはなく「マインドマップってなあに？」からだったので、これはちゃんと発信しないとつながらないと思いました。当時は、広告とか店舗を構えなきゃとかいろいろいわれたんですけど、講師業は体ひとつで仕事ができますから、どこからでもアクセスできて、どこにいても返信できる状態をつくりたかったんです。

あと、マインドマップは習慣化しないと使わなくなるので、私のサイトを見て「こんな使い方もあるんだ」「こんな結果を出している人もいるんだ」と、教えた方と定期的に感想や質問をし合ってコミュニケーションをとるなかで、だんだんコミュニティーが自分の中でしっくりくるようになっていきました。今は「Facebook も使って、なるべく双方向になるように心がけています。

吉田　本来のウェブのあり方は、そこですよね。

安田　はい。そうじゃないと一方通行の発信になって、お客さんにつながらないんですよ。

売り込みではなく自分を知ってもらうほうにだんだんシフトできたのは、結果的にすごくありがたかったと思います。

起業してすぐに始めたこと

吉田　教員を辞められて起業する際、まず何から始めましたか？

安田　最初はホームページをつくるところからです。ブログは日記形式で書いて発信し始めたんですけど、お客さんがこないので「プライベートなブログで『自分を知ってほしい』じゃなく『相手が教えてほしい』と思っている情報を伝えなくちゃ」と思って、ブログの記事を少しずつ変え始めました。仕事の依頼が直接きたことはあまりないですけど、「読んでるよ」とコメントをいただくことがあったので励みになりましたし、次の段階としてちゃんとしたサイトがないと信用されないということでサイトをつくっていただきました。

吉田　サイトはどなたに頼みましたか？

安田　専門の業者の方です。その方に自分の伝えたいことと相手が伝えてほしいことをブラッシュアップしていこうと教えていただき、すごく参考になりました。発信の幅を広げて、Facebookページとか Twitter を見てくれる人を意識するようになりました。
　その後、サイトをリニューアルしてくれる方にお願いしてSEO対策もやってもらったので、外からの問い合わせや申し込みも増えていきました。

SEO対策について

吉田　SEO対策は具体的にどういう言葉で、安田さんのサイトにくるようにされたんですか？
安田　ひとつは「マインドマップ」です。ただ、マインドマップを知らない人が大多数なので、「思考の整理」「記憶力アップ」「勉強の仕方」とか、そこに地名をつけたりしました。「マインドマップ」という言葉を使わなくても検索して私のサイトにたどり着くようなキーワード選びをすごくやったことがよかったと思います。

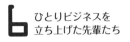

吉田　困るから検索するわけですから、「なんで困っているか」という視点は重要ですね。安田さんの勉強熱心さでどんどんキーワードを変えていったと思いますけど。

安田　やっぱり欲しい反応と自分の目的とで、ずれていたり欲しいものがもらえなかったときに工夫が始まると思います。その試行錯誤は、本当に自分が苦しまないと見えてこないでしょうし、求めないと与えられない答えもあると思うんです。

吉田　そうですね。安田さんの場合、そこをどんどん突き詰めてトライしたんですね。

安田　はい。私は「餅は餅屋」という言葉がすごく好きで、自分でできないことはなるべく人にお願いしています。でも、独立当時はそんなに稼ぎもなかったですし、仕方なく自分でやったこともありました。

もしもウェブがなかったら……

吉田　もしウェブがなかったら、今のご自身はどうなっていたと思いますか？

安田　まず知ってもらうことができないので、仕事につながらなかったと思います。今、北海道以外の青森から九州まで依頼をいただきますし、基本的にどこでも行きますけど、やっぱりネットだからこそです。北海道の人たちから「旅行の機会に合わせてきて」というリクエストがありますので、行きたいなと思っています。

吉田　一石二鳥でいろいろやりたいですね。

安田　そうなんです。静岡の知り合いが呼んでくれたときは、「私が交通費を半分出すから半分はみんなで割って出して」といって。打ち上げも出ますし、打ち上げに出ることでまったく出てこなかったアイデアが湧いてきたりするので楽しいです。個人のお客さんが私を呼んでくれたときは、なるべくそういうかたちにしています。

吉田　その意味では、ウェブありきでリアルの部分もすごく大事にされていますね。

安田　はい。「ウェブセミナーもできるんじゃない？」とよくいわれますし、やりたいと思っていますけど、マインドマップは武道みたいなものです。一人ひとりの癖を見抜いて、どこまで理解できているかを会話しながら把握しないとできないですから。そういう意味でリアルを大事にしたいと思っていますが、ウェブで取っかかりくらいはやりたいと思っています。「マインドマップの書き方」の動画を1本アップしていますけど、誤解が生まれない部分についてはさらにやりたいと思っています。

吉田　動画はどのように活用されていますか？

安田　大した活用もしていないですけど、「マインドマップの書き方」をFacebookページとブログにリンクを貼っています。そのおかげで「動画を見たんですけど」という問い合わせをいただくことが結構多いので、そういう意味ではすごく有効だと思います。

本当はもっと撮りたいですけど、動画を撮ったあとで編集するのにものすごく時間がかかるので、どうにかしたいと思っています。

吉田　なるほど。

教職を辞した本当の想いとは

安田　例えば、東大に入るためにどうしたらいいかといったら、学習法の本を読んでマインドマップを書いて「数学はこのやり方、英語はこのやり方」がわかったらものすごく楽に勉強できるでしょうけど、苦手なものをゼロから積み上げていくのが勉強だと思っているんですよ。

吉田　苦痛ですよね。

安田　仕事も嫌なことをガマンすることだと思っている人が多いですけど、そもそも学び方とか、表現の仕方とかを教わったことがない。だから、私が教えたいと思ったんです。その想いがなかったら学校を辞めないですよ。勉強は大変なもの、仕事はつまらないって洗脳されて生きているから、「それは嘘だよ」っていいたいです。

吉田　やっぱり洗脳ですね。最近すごく感じているのは、それらは経営者が労働者をこき使うためにできた洗脳だなと思っています。

安田　そうだと思います。もともと義務教育ができたのも、労働者を大量生産するためです。産業革命が起こったとき、工場のラインに並んでくれる人が大勢必要じゃないですか。なので、いうことを聞いて疑問をもたない人が大量に必要だったんです。読み書きが普通にできてみんなと仲良くやっていける人を大量生産したいから、義務教育が始まったんですよ。日本の教育そのものです。だから、先生一人がえらくて無個性な子どもを育てる仕組みなんですよ。

吉田　個性があっては、邪魔になりますよね。

安田　はい。で、この子たちを全員サラリーマンにしたいんです。工場のラインと一緒です。そのための洗脳をしないといけないから学校教育があるので、社長になりたい人には必要ないです。

今、アメリカでは学校に行かないで10代で起業したりしてますよね。特にGoogleが出てきて、Google世代の子たちが20歳を超えています。すると、学校で学ぶことは全部Googleで調べられますし、起業するだけなら学歴もいらないので時間の無駄という層が育ってきています。日本もそうなったら面白いですね。

学びは、生きるためです。それを踏まえて、私はまず自分の周りにいる人から学びを変えたいと思ってやってきました。

吉田　まさにそうですね。「つべこべいわず働け」という時代から、何のために働くのかを考えるようになったのは重要ですね。

おわりに

これからは「安心」な仕事はありません

突然ですが、あなたに質問です。

20面体のサイコロを1回振ります。
1が出たら、一生楽して生きていけるくらいの大金がもらえます。
ただし、1以外の数字が出たら殺されてしまいます。
あなたは、成功確率20分の1（5％）の大勝負をしますか？

・・・・・・・・

人生借金だらけ。

怖い人たちに追われているような切羽詰まった人なら、神にすがる気持ちでチャレンジするでしょう。

でも、きっとほとんどの方は、そんな無謀な挑戦はしないと思います。


では、これならどうでしょう?


20面体のサイコロを1回振ります。

1以外が出たら、一生楽して生きていけるくらいの大金がもらえます。

ただし、1が出たら殺されてしまいます。

あなたは、成功確率20分の19(95%)の甘々の勝負をしますか?

・・・・・・

たとえ成功確率95%でも、多くの人はチャレンジしないと思います。

理由は「死」というリスクが怖いから。
命とお金を天秤にかけたとき、お金は問題ではなくなるのです。

ではなぜ、好きなことを仕事にしようと行動に移せないのか？
「好きなことを仕事にしたい！」と思ったことは、あなたも一度はあるでしょう。

それは、あなたのまわりにいる人やネット、本などから「失敗した事例」を知りリスクを恐れたからではありませんか？
だから、決まったお給料が確実にもらえる仕事、すなわち雇用されることを選んでしまうのではありませんか？

大手企業だから安心？
公務員だから安心？
夫やパートナーが稼いでくれるから安心？

今までならそうでしょう。
でも、未来は……？
誰にも予測できません。

どんなに頑張って真面目に働いても、今働いている会社が倒産しない保証などまったくありません。

「安心」という言葉にだまされないでください。
安心こそ危険です。
単なる気休めにすぎません。

安心したい。
守られたい。

普通でいい。
起業はリスク。
夢はかなわない。
普通に働ければいい。
みんなと一緒がいい。

リスクを恐れ、自分のライフスタイルを崩さない程度に働ける会社に雇用されることを選択してしまうのです。

会社に依存せずに独立し、人生の長い時間を誰にも頼らず仕事していくことを想像すると、不安ばかりが脳裏に浮かんで行動に移せないことがほとんどでしょう。

私も昔は同じ気持ちでした。
私も会社員時代はそう思っていました。

お金を稼ぐ＝どこかの会社に就職して働く。

学生時代、授業のない時間や休日にアルバイトすれば確実に現金を得られた経験が、自分の「安心スイッチ」を押しています。

それは、経営者が仕組んだ「時間がお金に変わる」というマジックに、どっぷりとハマっているのです。

安心な仕事。

保証された仕事。

確実な仕事。

この世にそんな夢のような仕事などありません。

そのことにいち早く気づきましょう！

時代とともにニーズは常に変化し、企業はそれに合わせて変化しています。

老舗企業は変化していないように見えますが、実は最もニーズに合わせて変化していま
す。

ある老舗の料理店は、見た目は伝統を守って同じに見えても、味を微妙に変えてニーズ
に応え続けています。

調べてみると、納得できることがたくさんあります。

「いちいちニーズの変化に対応しなくても、私は会社勤めだから安心！」

「仕事なんて面倒だから、いわれたことだけやっていれば安心！」

「安心」「安心」と勘違いして会社に依存し続けると……

若くて活動的で会社に貢献できているうちはいいですが、年をとり会社への貢献度が下がったとたん、手のひらを返され、リストラされる可能性は相当に高い確率になると、私

は感じています。

変化できた企業と人だけが生き残れるのです。

今からすぐにできる二つのこと

安心な仕事なんてない。

かなり厳しいことを書きました。

誰もが不安に感じていると思います。

では、どうすればよいでしょうか？

最後に、少しでもあなたの不安が軽くなるように、今からすぐにできることを書いていきます。

それは、大きく二つあります。

「正しい情報」を抜き出すこと。

自分で決めて行動すること。

不安な気持ちのまま行動しようとすると、できる限り多くの情報を得ようとしてたくさんのアンテナを張りがちです。

また、情報が多すぎるとどうすればよいか決められないので、誰かに答えを教えてもらいたくなりがちです。

しかし、これからは多くの情報の中から「あなたにとって正しい情報」を抜き出すことを心がけましょう。

そして、上司や先輩、親、書籍、ネット検索といった先から「教えてもらう」ではなく「情報をもらう」と変換しましょう。

自分で「正しい」と決めることができれば、気（気持ち）がまっすぐ決めた方向に向かうため、うまくいくことが多いのです。

「誰かが決めた大勢が正しい」という常識のトリックに惑わされず、自分が正しいと決めたこと、それがたとえ100人中100人が反対したとしても、1000人中1人でもいれば、あなたの仲間は世界中をウェブでつなげることで、相当な人数になるはずです。

自分で決めたことが一般に理解されないことこそ、意外に価値があるかもしれません。お金になる才能かもしれません。

決めることに自信がもてない方は、自分で約束（コミット）するクセをつけてみてはいかがでしょうか？

「今日の夕食は、何にしようか？」
「今週末の休日は、どうやって過ごそうか？」

日常の何気ない行動を自分でコミットして行動すると、充実度が確実にアップします。

決して、自分勝手ではありません。
自分に正直になったと思ってください。

自分に正直に生きると、自然と笑顔になります。
笑顔は人を引き寄せます。

人が集まれば自然と仕事は生まれるはずです。

なぜなら周りの人はみな、あなたを求めるからです。
自分の人生です。
自分で決めて、充実した人生を歩んでください。

著者

本書執筆にあたり、以下の皆さまにご協力をいただきました。この場を借りて、厚く御礼申し上げます。

●取材協力

佐々本純様
政光順二様
飯村暁子様
安田真知子様
竹原園子様
ダシ熊谷みどり様
小関裕子様

●著書写真撮影協力

長岡秀文様

●イラスト・図画協力

ノグチノブコ様
飯村ゆき江様

●編集協力

菊池学様
白岩俊明様
田中智絵様

●出版協力

笠井譲二様（青月社）

◉著者プロフィール

吉田 英樹（よしだ・ひでき）

株式会社アド・プロモート代表取締役

1970年、大工の二男として栃木県小山市で生まれる。大学中退後、大工職人として働きながら開業資金を貯め、22歳で念願の独立を果たし、小さなスキーショップ店を経営する。しかしわずか2年後の24歳の時に1000万円超の借金とともに廃業。借金を返済するため、歩合率の高い某大手リフォーム会社の営業マンとして働く。入社３か月で売上支店１位、全国８位の成績を残す。借金をすべて返済した後、好きな仕事、特技を活かした仕事をしたくなりYahoo！ Japan広告を取り扱う広告代理店にて勤務。一人で１億の売上をゼロから新規開拓するなど営業成績を買われ取締役に就任。その後2005年に独立。ウェブマーケティングを軸とした株式会社アド・プロモートを設立する。
主に業種的にプロモーションが難しいといわれる業界のサポートを好むことと、見た目が坊主であることから「ITの駆け込み寺」とも呼ばれている。また、田舎とアナログをこよなく愛し、人と深く向き合うことがモットー。美容、医療、通販大手企業をはじめ、延べ1000社を超える法人クライアントをサポートしている。

主な著書として、『ウェブ・マーケティングのプロが明かす「超・ネット販促」』『明日の出社が恋しくなる73のことば』（青月社）がある。

ブログ「田舎で働く！　IT企業の社長日記」
http://www.ad-promote.co.jp/blog_ap/

「好き」を仕事にする！

ひとりビジネスのはじめ方

発行日	2016年 8月10日　第1刷
定　価	本体1300円＋税
著　者	吉田英樹
イラスト	ノグチノブコ
発　行	株式会社 青月社 〒101-0032 東京都千代田区岩本町3-2-1 共同ビル8F TEL 03-6679-3496　FAX 03-5833-8664
印刷・製本	株式会社太平印刷社

ISBN 978-4-8109-1302-6